AF305479

COLLECTION

DE FEU

M. le Marquis de l'Espéronnière

TABLEAUX

MODERNES

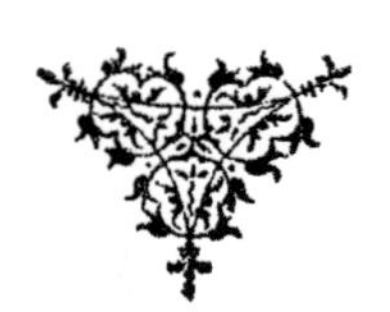

CONDITIONS DE LA VENTE

Elle sera faite au comptant.

Les adjudicataires paieront *dix pour cent* en sus des enchères.

Paris. — Imprimerie Georges Petit, 12, rue Godot-de-Mauroi. — 22987-13.

CATALOGUE

DES

TABLEAUX

MODERNES

PAR

BAIL JOSEPH, BROWN J. L., BONNAT L., CARRIÈRE
CAZIN (J.-C.), COROT, DETAILLE (ÉD.), DIAZ (N.),
DUPRÉ (JULES), HARPIGNIES (H.), HENNER (J.-J.), JACQUE CH.,
JONGKIND (B.), LE GOUT-GÉRARD, LHERMITTE (LÉON),
PENNE (O. DE), VEYRASSAT (J.), ZIEM (F.), ETC.

Composant la Collection

DE FEU

M. le Marquis DE L'ESPÉRONNIÈRE

ET DONT LA VENTE AUX ENCHÈRES PUBLIQUES AURA LIEU A PARIS

GALERIE GEORGES PETIT

8, RUE DE SÈZE, 8

Le Vendredi 9 Mai 1913, à 3 heures

COMMISSAIRES-PRISEURS

Mᶜ F. LAIR-DUBREUIL | Mᶜ HENRI BAUDOIN

| 6, rue Favart, 6 | Successeur de Mᵉ PAUL CHEVALLIER |
| PARIS | 10, rue de la Grange-Batelière, 10 |

EXPERT

M. GEORGES SORTAIS, Peintre

EXPERT PRÈS LE TRIBUNAL CIVIL DE LA SEINE

11, rue Scribe, 11

EXPOSITIONS

PARTICULIÈRE : *Le Mercredi 7 Mai 1913, de 1 h. 1/2 à 6 heures.*
PUBLIQUE : *Le Jeudi 8 Mai 1913, de 1 h. 1/2 à 6 heures.*

Tableaux Modernes

BAIL (Joseph)

1 — *La Tricoteuse.*

Dans l'office, où la fenêtre laisse pénétrer un large rayon de soleil, une jeune fille en costume rouge, tablier et bonnet blancs, est assise de trois quarts à gauche et tricote. Près d'elle, sur un escabeau de bois, un coquemar de cuivre jaune. Devant elle, et à ses pieds, un panier et une pelotte de laine.

Signé à droite, en bas : *Bail Joseph.*

Toile. Haut., 41 cent.; larg., 32 cent. 1,2.

BAIL (Joseph)

2 — *Le Petit Marmiton.*

Debout, à l'office, en son costume blanc, le petit marmiton, vu de trois quarts à gauche, donne toute son attention à un verre à demi rempli, et où il fait fondre un morceau de sucre à l'aide d'une cuiller. Le verre est posé sur un coin de table de cuisine, en partie couverte par une nappe chiffonnée, et à côté d'une bassine de cuivre rouge, de quelques fruits et légumes, et d'une cruche de grès.

Signé à droite, en bas : *Bail Joseph.*

Toile. Haut., 41 cent.; larg., 32 cent. t. 2.

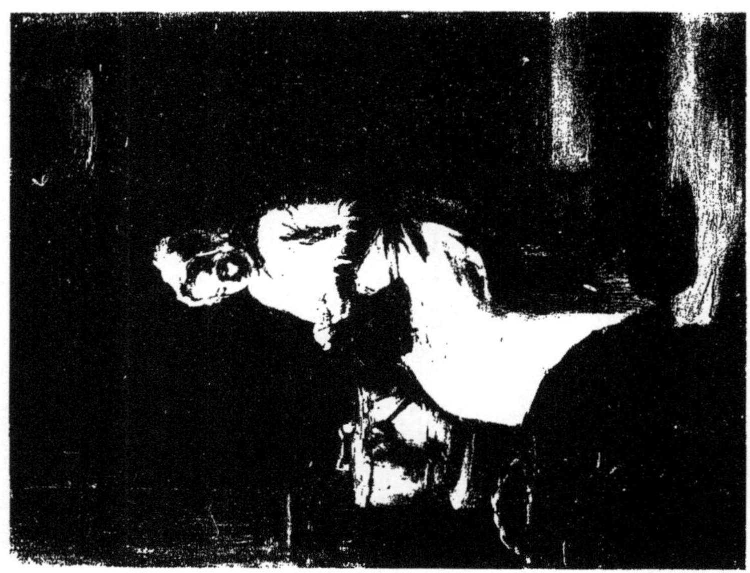

1

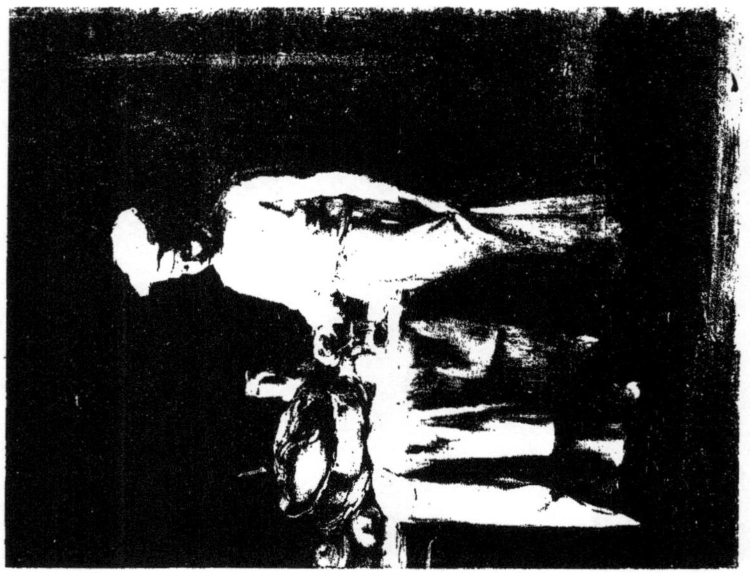

2

BEAUQUESNE

3 — *Batterie défendue.*

C'est la pleine bataille ; autour des pièces de canons,
les cuirassiers et les artilleurs luttent contre les Prussiens.
Signé à droite, en bas : *W. Beauquesne, 1909.*

Panneau. Haut., 19 cent. 1/2 ; larg., 33 cent.

BEAUQUESNE

4 — *Combat de cavalerie.*

Signé à gauche, en bas : *W. Beauquesne, 1909.*

Panneau. Haut., 19 cent. 1/2 ; larg., 33 cent.

BONNAT (Léon)

5 — « *Non piangere* » (*Ne pleure pas*).

La petite Italienne a du chagrin : elle est debout, la
tête baissée : mais, près d'elle, fraternellement, un gamin
tout souriant, la console.

Signé à gauche, en bas : *L.ⁿ Bonnat.*

Toile. Haut., 39 cent.; larg., 30 cent.

*P.-S. — Nous reproduisons ci-dessous les deux lettres du maître
concernant ce tableau.*

48, rue de Bassano.

Paris, 23 mars 1891.

Mon cher Léon,

Les prix que tu m'indiques me paraissent raisonnables, mais ne
diminue pas d'un sou. Je crois même que tu pourrais exiger 70.000 fr.
pour les deux (1).

Je ne fais presque plus de tableaux, ce qui donne de la valeur à ceux
qui existent, et certainement en Amérique ces deux tableaux dépasse-
raient le prix indiqué.

Je te félicite, ainsi que Madame Pascault, au sujet de la bonne
nouvelle que tu me donnes et vous envoye à tous deux mes meilleurs
souvenirs, ainsi que ceux de tous les miens.

Ton tout dévoué.

Signé : L. BONNAT.

Paris, 16 avril 91.

Mon cher Léon,

Je rentre à Paris et trouve ta lettre. J'avais fait, c'est vrai, un *Non
piangere*, pour une vente de charité et ce tableau avait été acquis par
M. Boussaton dont tu m'apprends que l'on fait la vente ces jours-ci.

Ce tableau n'est qu'une esquisse et très inférieur à tous les points de
vue à celui que ton père m'avait acheté.

Ce dernier est un des meilleurs, sinon le meilleur que j'ai peint
dans ce genre.

Donc, quel que soit le prix qu'obtienne le tableau Boussaton, je
m'engage à maintenir celui dont tu m'avais parlé pour le tien, soit
35.000 francs.

Mille amitiés à toi et à Madame Pascault.

Signé : L. BONNAT.

(1) Il s'agissait de *Ne pleure pas* et des *Femmes Fellah* que je voulais vendre.

Signé : PASCAULT.

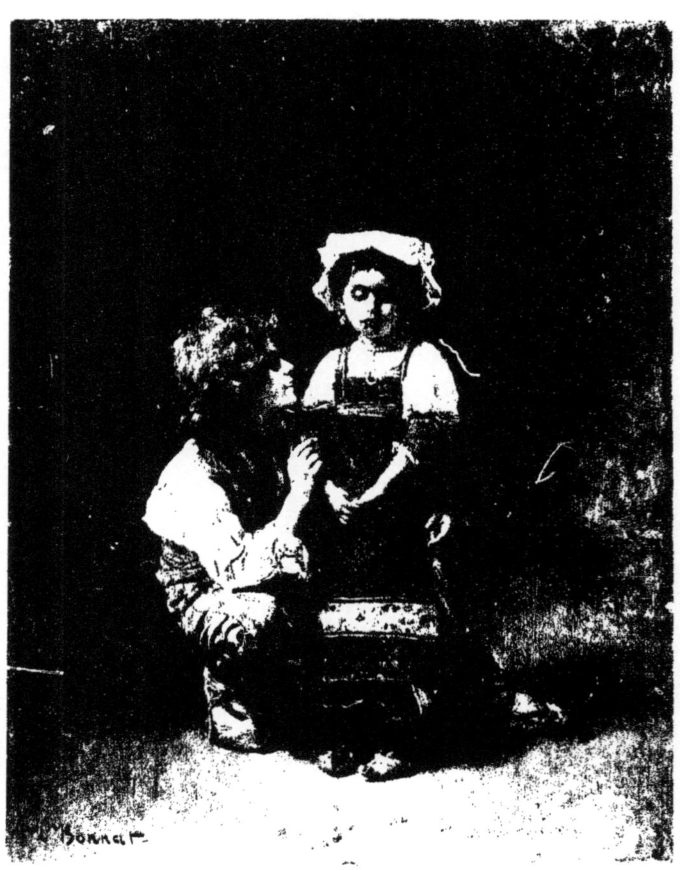

BOUCHER (D'après François)

6 — *Jeux d'Amours.*

DEUX PENDANTS

Amours musiciens.
Amours aux carquois.

Peintures de forme ovale. Haut., 13 cent. 1 2 .; larg., 16 cent. 1 2.

BROWN (John Lewis)

7 — *Le Cavalier rouge.*

Dans la campagne, un cavalier en habit rouge monté
sur un cheval gris pommelé, lequel est vu de profil à
droite.

Signé à gauche, en bas : *John Lewis Brown.*

Panneau. Haut., 9 cent.; larg., 7 cent.

CARRIÈRE (Eugène)

8 — *Portrait de Mlle Marguerite D...*

C'est un bébé vu de face et jusqu'à la poitrine. Sa petite tête bouffie est portée sur la blancheur du bavoir.

Signé à gauche, en haut : *Eugène Carrière, 1884.*

Avec cette dédicace en bas : *Marguerite... A M. D...,*
son ami.

Panneau. Haut., 16 cent. ; larg., 12 cent.

CAZIN (Jean-Charles)

9 — *Campagne au soleil couchant.*

Un champ, un sol herbeux, des oiseaux, une barrière rustique en avant des maisonnettes coiffées de tuiles rouges. et dans le ciel toute la féerie des nuées embrasées par le soleil couchant.

Signé à gauche, en bas : *J.-C. Cazin.*

Panneau. Haut., 9 cent. ; larg., 12 cent.

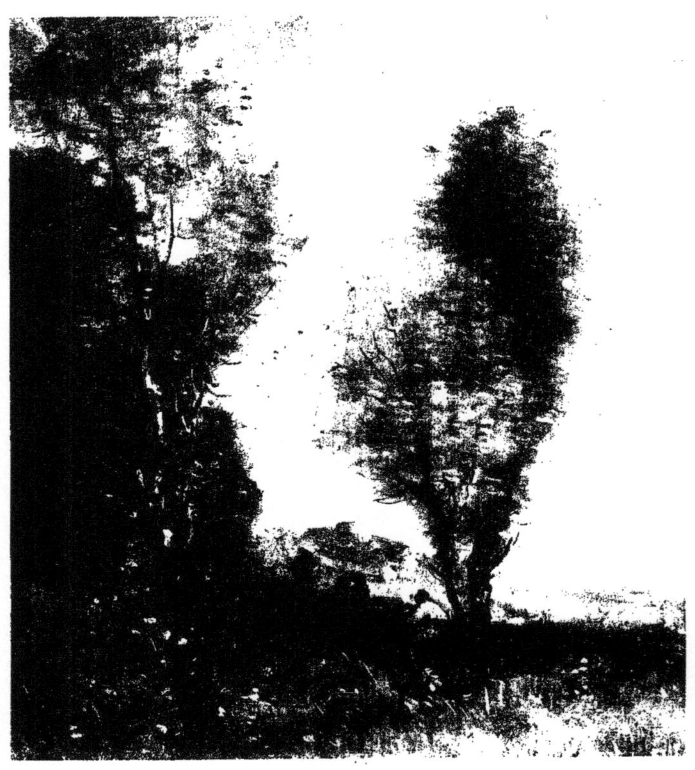

10

COROT (Camille)

10 — *Le Matin au bord de l'étang.*

Au premier plan, puis à gauche, le sol herbeux, tout émaillé de fleurettes est planté d'arbres dont les panaches feuillus s'élèvent droits vers le ciel encore ouaté de nuées grises. Une paysanne à jupe rosée, camisole blanche et madras rouge s'est assise au pied d'un arbre. Au fond, de l'autre côté de l'étang, à la surface duquel s'élève une vapeur diaphane, on devine le coteau au flanc construit de maisons, au-dessus desquelles le jour qui se lève allume une traînée de lumière encore pâle.

Signé à gauche, en bas : *Corot.*

Toile. Haut., 31 cent. 1/2 ; larg., 28 cent.

COROT (Camille)

11 — *A l'Abreuvoir.*

A l'ombre d'épais massifs d'arbres. la mare offre son miroir clair, aux reflets qui tombent du ciel clair.

Au bord de la mare. un homme en blouse rouge, a conduit ses deux chevaux. l'un bai brun, l'autre blanc sur lequel l'homme est monté.

Au premier plan, le sol herbeux est tout égayé de fleurettes.

Signé à droite, en bas : *Corot.*

Toile. Haut , 41 cent.; larg., 33 cent.

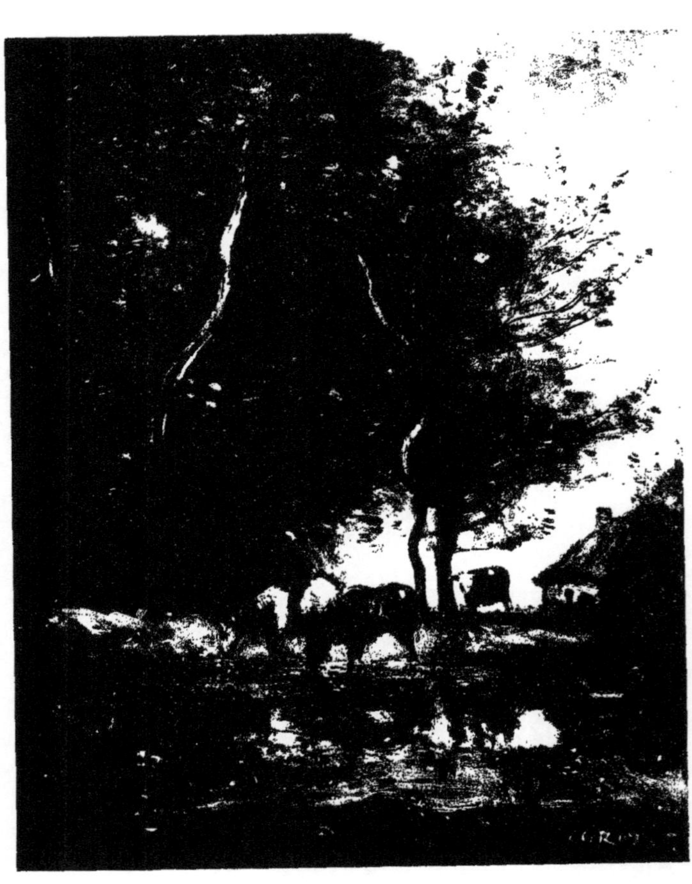

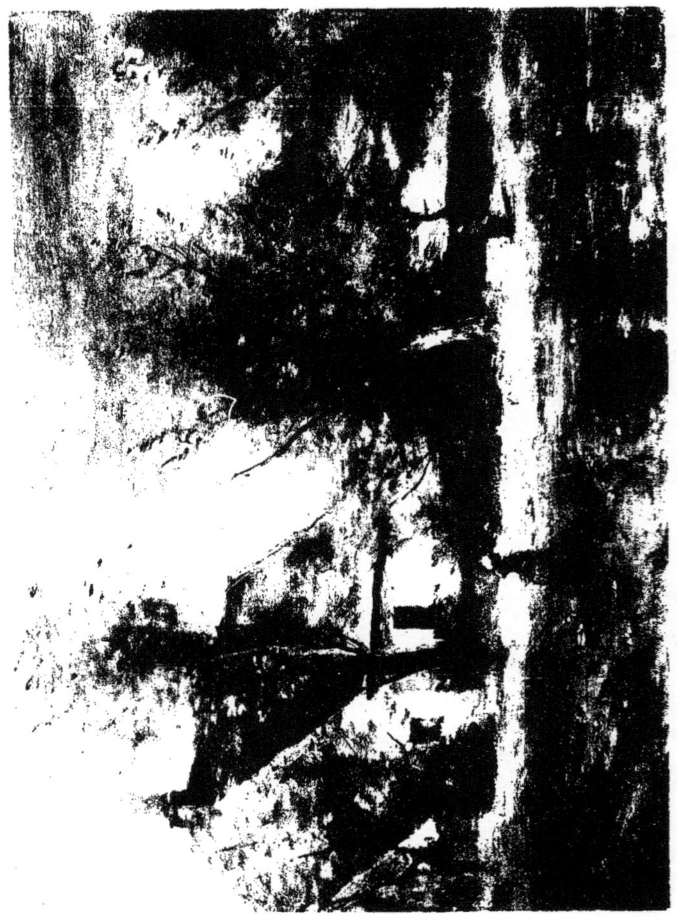

COROT (Camille)

12 — *La Ferme au bord de l'eau.*

A gauche, au fond, la ferme au toit de tuiles rouges : derrière, quelques arbres aux branches légères. Au premier plan, à droite, une mare au bord de laquelle une femme se tient debout.

Ciel bleu, avec quelques nuées blanches.

Signé à gauche : *Corot.*

Toile. Haut., 26 cent. ; larg., 35 cent.

COROT (Camille)

13 — *L'Étang.*

Au bord de l'étang, deux paysannes sont arrêtées et assises.

A droite, le sol se relève, et un massif d'arbres qui le domine se mire dans l'étang aux eaux pleines de frissons.

Au fond, à gauche, la colline boisée sous le ciel clair.

Signé à gauche, en bas : *Corot.*

Toile. Haut., 19 cent., larg., 27 cent.

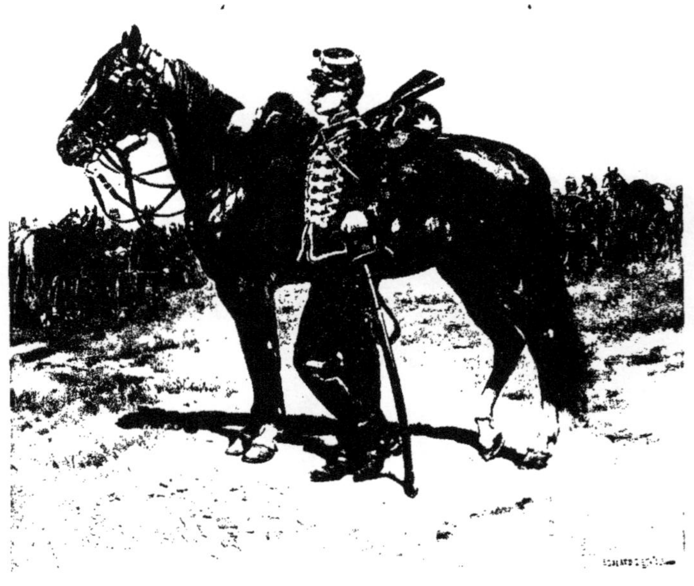

14

DETAILLE (Édouard)

14 — *Brigadier de hussards, près de son cheval.*

Il est représenté debout, de profil à gauche, appuyé contre son cheval bai cerise, vu de profil à gauche. Au fond, tout un escadron ayant également mis pied à terre.

Signé à droite, en bas : *Ed. Detaille, 187...*

Toile. Haut., 45 cent.; larg., 37 cent.

DIAZ (Narcisse)

15 — *Sous bois.*

De grands arbres, aux troncs desquels le soleil filtré à
travers les branches fait papillonner des traînées d'or.
Dans les frondaisons épaisses où les nids doivent
s'ébattre, l'été déjà avancé a mis des orfèvreries de cuivre.
Cependant sous les voûtes de verdure où l'on aperçoit de
la lumière, il y a sur le sol herbeux, quelques petites
mares pleines de reflets de ciel. Et à droite, en haut, un
pan de ciel apparaît bleu avec quelques nuées lumineuses.

Signé à droite, en bas : *N. Diaz*.

Panneau. Haut., 22 cent. ; larg., 13 cent. 1/2.

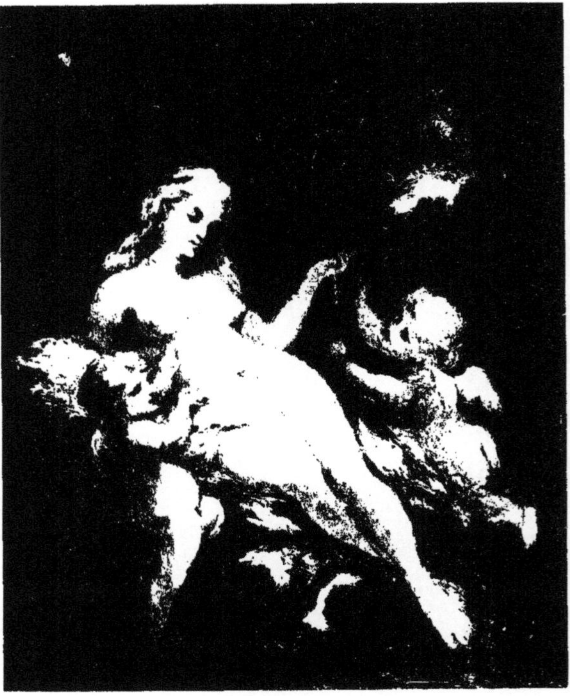

16

DIAZ (Narcisse)

16 — *La Nymphe aux amours.*

Elle est assise au fond du bois sacré plein de mystère : sur le banc de gazon où elle repose son beau corps nu, elle a jeté une draperie rose qui fait valoir le ton chaud de sa chair et l'éclat de ses cheveux blonds, dont les mèches ondulées flottent sur ses épaules.

Elle joue avec deux amours blonds, aux petites ailes bleues. A ses pieds son chien est couché et dort.

Signé à gauche, en bas : N. Diaz.

Panneau. Haut., 16 cent. ; larg., 13 cent.

DUPRÉ (Jules)

17 — *Cours d'eau au milieu d'un paysage boisé.*

La rivière coule en serpentant, entre des rives plates. A droite, le sol est planté d'un massif d'arbres, aux frondaisons sombres ; du même côté, au fond, on aperçoit une ferme, dont le mur reçoit une traînée de lumière. A gauche, le long de la rive, le pêcheur dans sa barque suit le fil de l'eau frissonnante. Au-devant du ciel d'azur s'envolent des nuées blondes.

Signé à droite, en bas : *J. Dupré.*

Panneau. Haut., 11 cent.; larg., 16 cent.

DUPRÉ (Jules)

18 — *La Saulaie.*

Au fond, à gauche, le long de la rivière, les rives sont plantées de saules : à droite, le pré s'étend, planté de quelques massifs d'arbres, et dans le pré, deux vaches sont en train de paître.

Au premier plan, la rivière coule, miroir frissonnant de lumière, où se réfléchissent les nuées d'or et le ciel bleu.

Signé à gauche, en bas : *J. Dupré.*

Panneau. Haut., 13 cent.; larg., 23 cent.

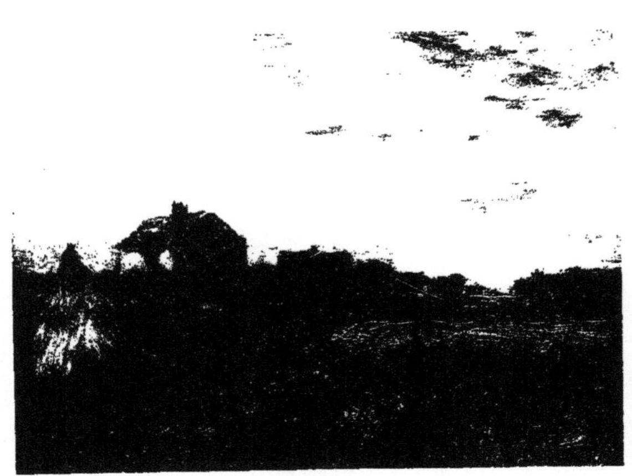

9

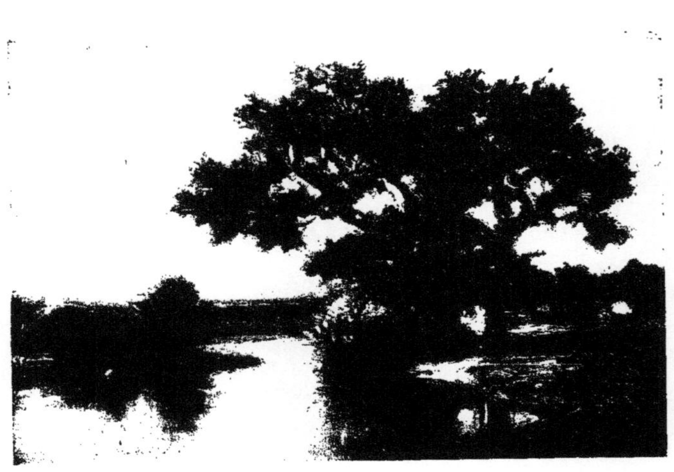

17

GALIEN-LALOUE

19 — *Quai Conti.*

C'est le coin des bouquinistes avant d'arriver au Pont des Arts, avec, à gauche, le pavillon de l'Institut où se trouve le Musée De Caen ; à droite, au-dessus des arbres, la vue du Louvre et des Tuileries.

Gouache.

Signée à gauche, en bas : *E. Galien-Laloue.*

Haut., 20 cent.; larg., 33 cent. 1/2.

GALIEN-LALOUE

20 — *Boulevard des Invalides.*

La vue est prise près de l'Institution des Jeunes Aveugles. A droite, au fond, le dôme doré des Invalides.

Gouache.

Signée à gauche, en bas : *E. Galien-Laloue.*

Haut., 21 cent.; larg., 34 cent.

HARPIGNIES (Henri)

21 — *Bords de rivière.*

A gauche, sur la rive relevée en talus et plantée de grands arbres aux troncs minces et aux feuillages légers, le sol herbeux est marqué d'un étroit sentier et domine l'eau qui coule, pleine des reflets du ciel bleu. Au fond, à droite, le terrain est plus plat et forme un pré, que ceinterent des bois touffus. Le soleil illumine ce coin de nature et promène sur le sol, sur l'eau, dans le ciel, partout, des caresses d'or.

Signé à gauche, en bas : *H. Harpignies.*

Toile. Haut., 46 cent. 1/2; larg., 33 cent. 1 2

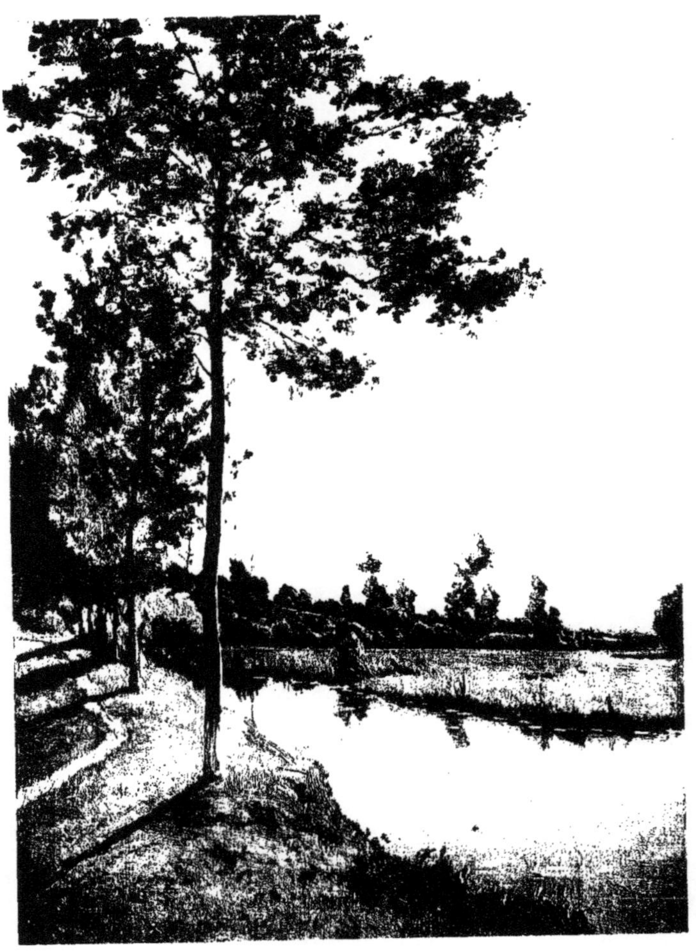

21

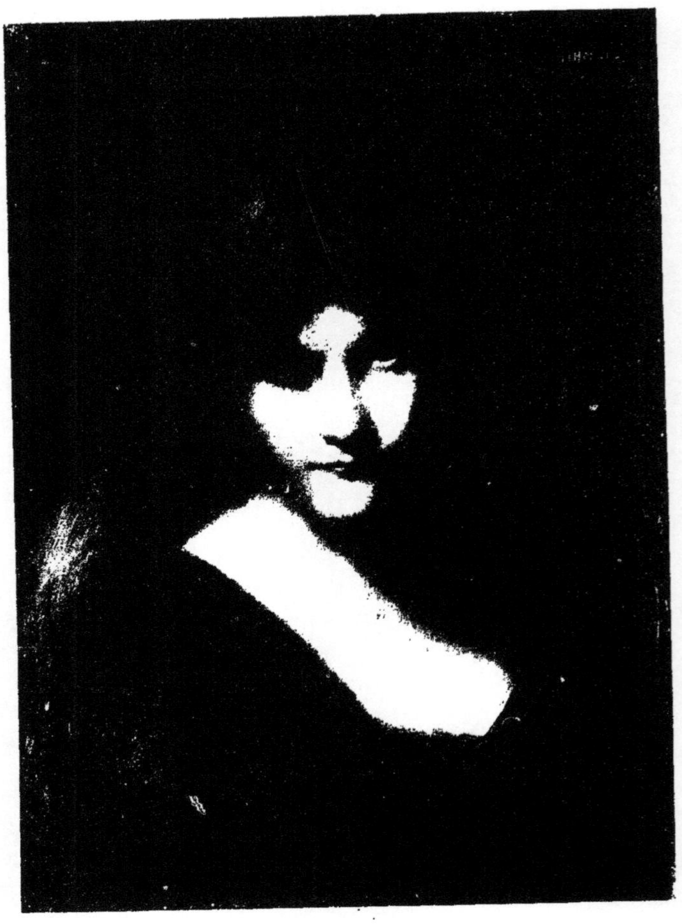

22

HENNER (Jean-Jacques)

22 — *Fabiola.*

Elle est représentée jusqu'à la ceinture, la tête tournée de face, en corsage rouge décolleté en carré et garni de fourrure. Son visage pâle, à l'expression de rêve, s'encadre de ses cheveux fauves dénoués.

Signé à droite, en haut : *J.-J. Henner.*

Toile. Haut., 46 cent.; larg., 35 cent. 1/2.

HENNER (Jean-Jacques)

23 — *Nymphe lisant.*

Le fond du bois : tout est silence ; seule, la petite source murmure, la petite source au bord de laquelle la nymphe aux chairs dorées, aux cheveux fauves, s'est couchée, et, la tête relevée sur le coude, lit attentivement un livre ouvert devant elle.

Signé à gauche, en bas : *J. J. Henner.*

Toile. Haut., 35 cent.; larg., 44 cent. 1/2.

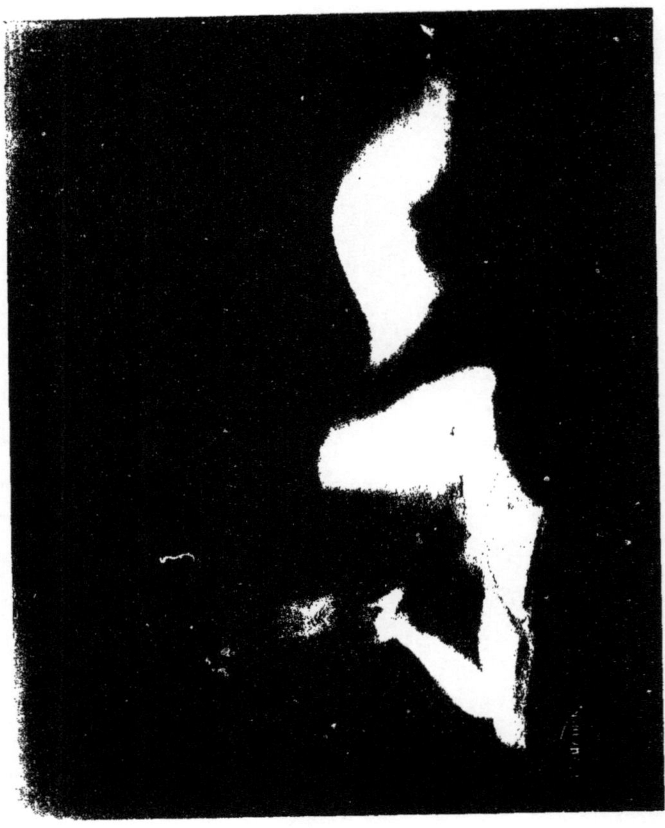

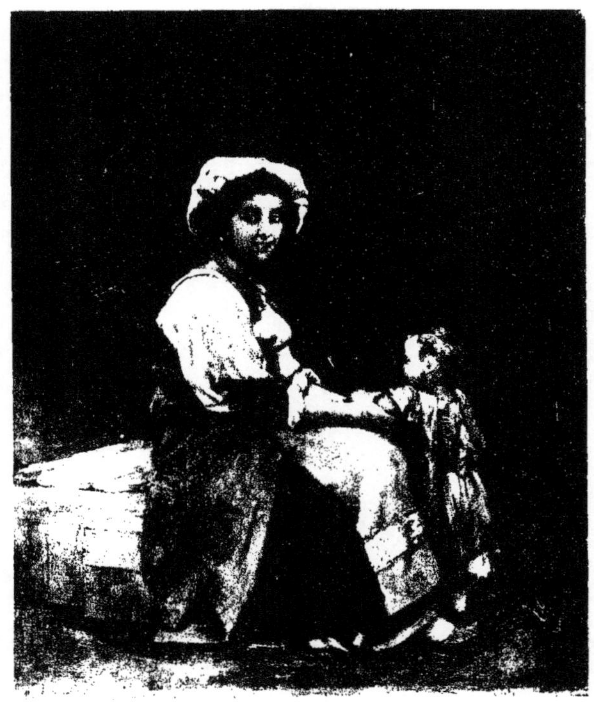

24

HENNER (Jean-Jacques)

24 — *Paysanne romaine.*

Au fond d'un parc, sur une caisse de bois vermoulu,
la jeune paysanne est assise de profil à droite, la tête
tournée de trois quarts : elle porte le costume traditionnel,
avec, au cou, un double rang de perles de corail. Contre
elle, debout, elle retient une fillette, dont le profil effacé
apparait joufflu.

Les deux figures se détachent sur un fond de feuillage
épais.

Signé à droite, en bas : *J. J. Henner.*

Toile. Haut., 31 cent.; larg., 26 cent

HENNER (Jean-Jacques)

25 — *Jeune Femme couchée.*

Au bord d'une rivière, dont l'eau est toute pleine du reflet bleu qui tombe du ciel, la dryade s'est couchée sur l'herbe, à l'entrée du bois : elle est nue, vue de dos, la hanche droite saillante, le haut du torse relevé, porté par le coude gauche. Les cheveux blonds sont dénoués et tombent en trainée fauve le long du bras gauche.

Signé en bas, à droite.

Toile. Haut., 32 cent 1/2.; larg., 47 cent.

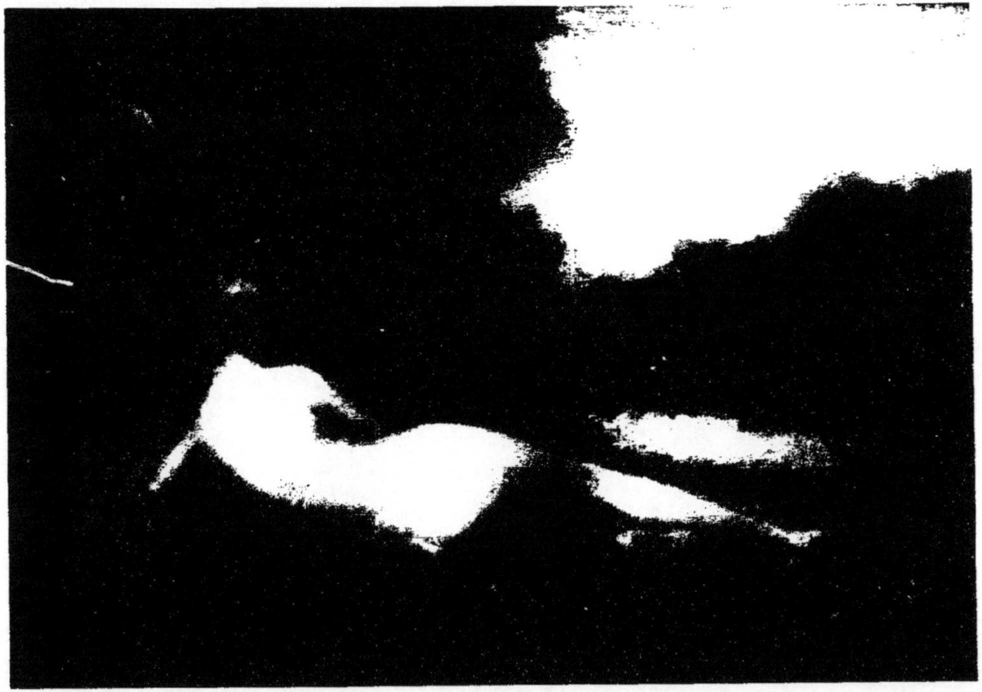

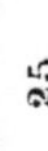

HENNER (Jean-Jacques)

26 — *Profil de blonde.*

C'est une jeune femme, la tête tournée de profil à gauche et dont les cheveux blonds laissent échapper quelques tresses qui viennent jouer sur les épaules, toutes illuminées de lumière. La figure se détache sur un fond de bitume.

Signé à gauche, en haut : *J. J. Henner.*

Carton marouflé sur panneau. Haut., 24 cent. 1 2 ; larg., 20 cent.

JACQUE (Charles)

27 — *Pâturage.*

Sur le sol en pente douce, la bergère s'est assise et
fait paître son troupeau de moutons.
Des nuées roulent au-devant du ciel assombri.

Signé à gauche, en bas : *Ch. Jacque.*

Panneau. Haut., 14 cent., larg., 21 cent.

JACQUE (Charles)

28 — *Moutons dans une bergerie.*

Dans l'étable, les bêtes sont au repos ou en train de
puiser dans une auge.

Signé à gauche, en bas : *Ch. Jacque, 67.*

Panneau. Haut., 15 cent.; larg., 20 cent. 1/2.

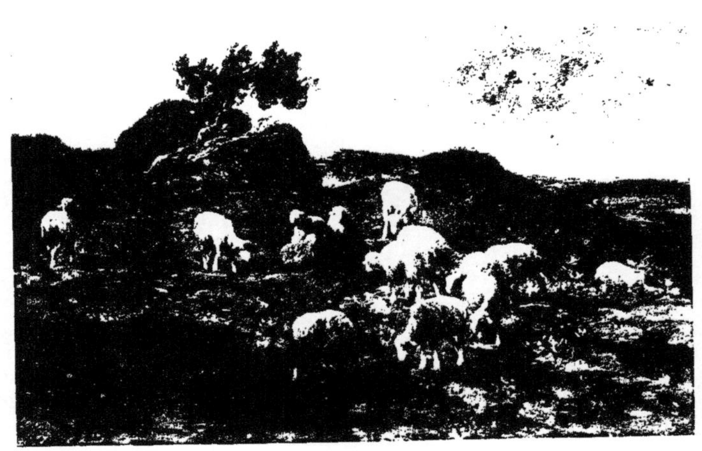

27

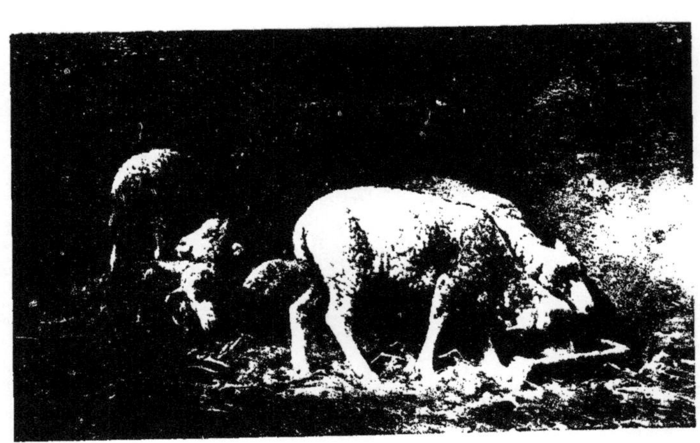

28

JACQUE (Charles)

29 — *A l'Abreuvoir*

C'est près d'un vieux château de Beaune-la-Rolande.
Au pied du mur, à droite, l'eau, en une mare étroite,
s'offre comme un abreuvoir, et un homme, monté sur un
cheval blanc, y a conduit sa bête pour se désaltérer.
Autour de lui, des poules picorent, et l'on voit dans un
demi-brouillard des paysans et des paysannes bavarder.

Signé à droite, en bas : *Ch. Jacque.*

Panneau. Haut., 32 cent ; larg., 23 cent. 1/2.

JONGKIND (Jean-Berthold)

3o — *La Meuse à Dordrecht.*

Sur l'eau, pleine des reflets du ciel illuminé des stries de feu du soleil qui apparaît à l'horizon, les sloops de pêche sont à l'ancre, et, de l'un à l'autre, les barques vont et viennent. A gauche, au loin, on aperçoit la ville.

Signé à droite, en bas : *Jongkind.*

Toile. Haut., 22 cent.; larg., 32 cent.

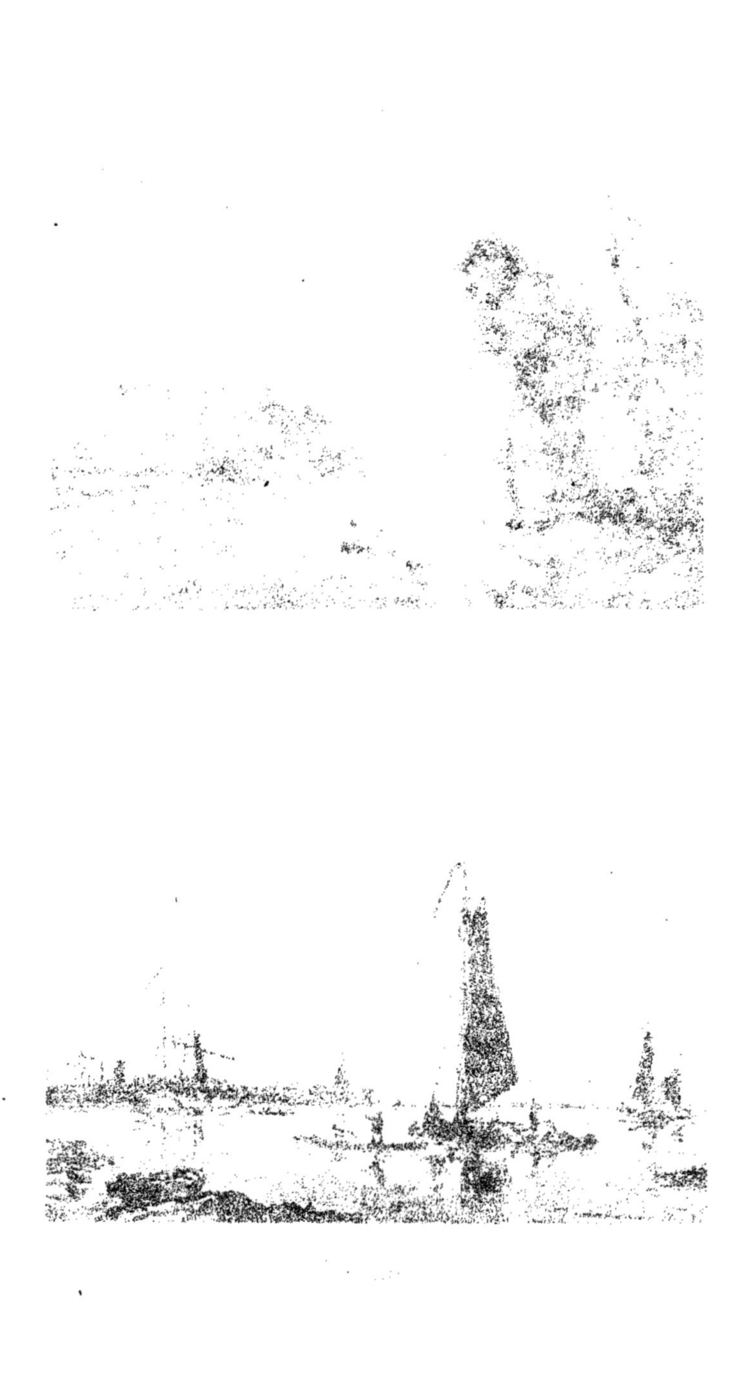

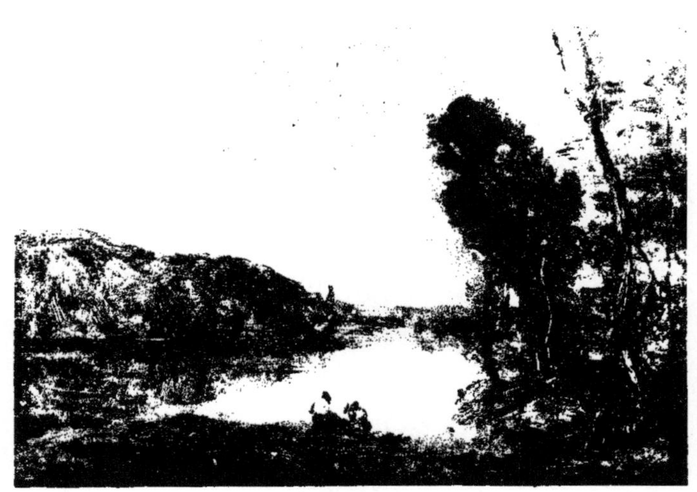

13

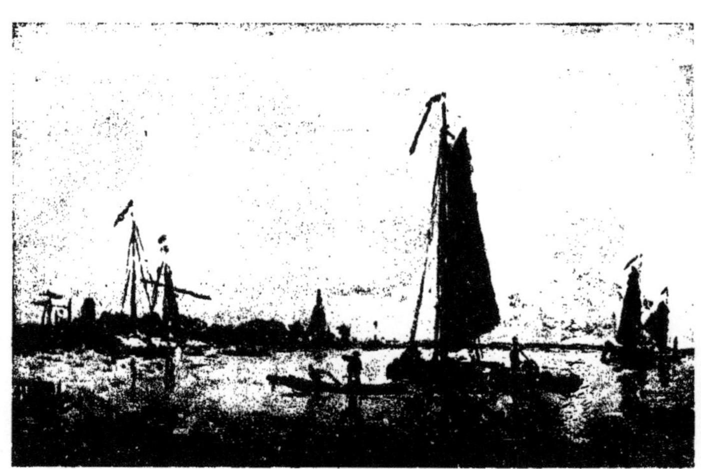

30

LE GOUT-GÉRARD (Fernand-Eugène)

31 — *Le Jour du marché, dans une petite ville de Bretagne.*

Signé à droite, en bas : *Le Gout-Gérard.*

Panneau. Haut., 22 cent. ; larg., 27 cent.

LHERMITTE (Léon)

32 — *Les Lavandières au bord de la Seine.*

C'est aux environs de Billancourt. Près du pont, les lavandières au bord de l'eau sont en train de tremper ou de battre leur linge. A gauche, sur le terrain qui décline jusqu'au fleuve, une lavandière arrive portant son « tiroir ».

Signé à gauche, en bas : *L. Lhermitte.*

Pastel. Haut., 42 cent.; larg., 52 cent.

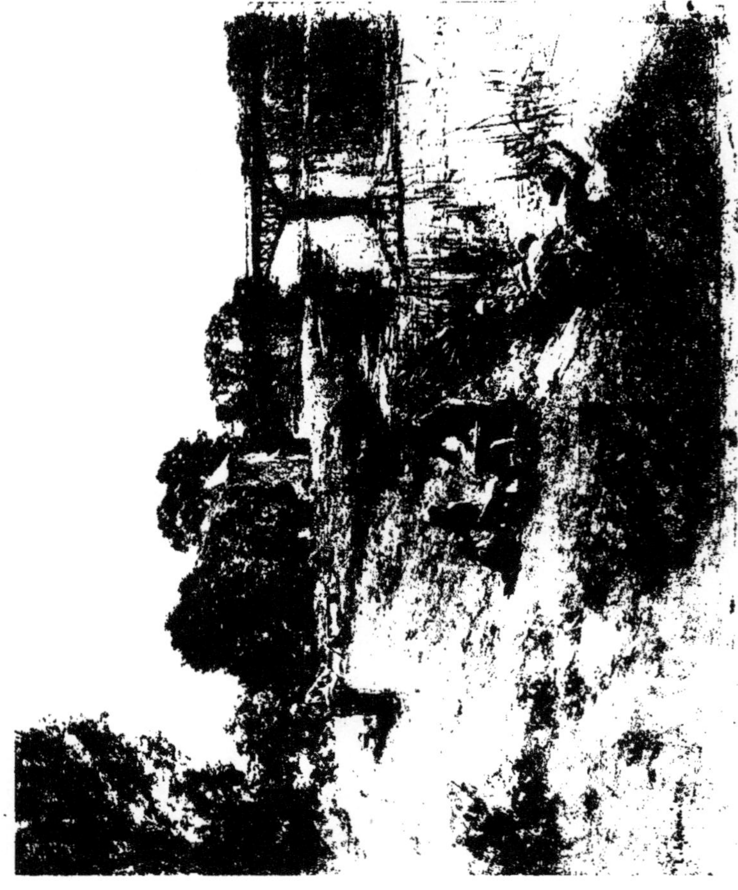

MOUTTE (Georges)

33 — *Paysanne portant une cruche.*

Une paysanne de la Camargue, debout, de profil à
gauche, portant une cruche de la main gauche, la main
droite appuyée à la hanche. Elle est vêtue d'un costume noir sur lequel elle a mis un tablier de toile écrue.

Signé à gauche, en bas: *Georges Moutte.*

Panneau. Haut., 9 cent.; larg., 7 cent.

PENNE (Olivier de)

34 — *Le Piqueur et les chiens.*

Un piqueur en costume Louis XVI vient détacher les
chiens; au fond, la forêt avec des gardes chasses qui
bivouaquent.

Signé à gauche, en bas: *Ol. de Penne.*

Panneau. Haut., 32 cent.; larg., 24 cent.

PENNE (Olivier de)

35 — *Cerf aux abois.*

Aquarelle.

Signée à gauche, en bas: *O. de Penne.*

Haut., 28 cent.; larg., 19 cent.

PENNE (Olivier de)

36 — *Le Rendez-vous.*

Aquarelle.

Signée à droite, en bas: *O. de Penne.*

Haut., 28 cent., larg., 39 cent.

PENNE (Olivier de)

37 — *« A la voie. »*

Aquarelle.

Signée à droite, en bas: *O. de Penne.*

Haut., 28 cent.; larg., 38 cent. 1/2.

PENNE (Olivier de)

38 — *La Curée.*

Aquarelle.

Signée à droite, en bas: *O. de Penne.*

Haut., 27 cent. 1/2; larg., 39 cent.

TIMMERMANS (Louis)

39 — *Retour de la pêche, effet de lune.*

Signé à droite, en bas. *L. Timmermans.*

Haut., 35 cent.; larg., 27 cent.

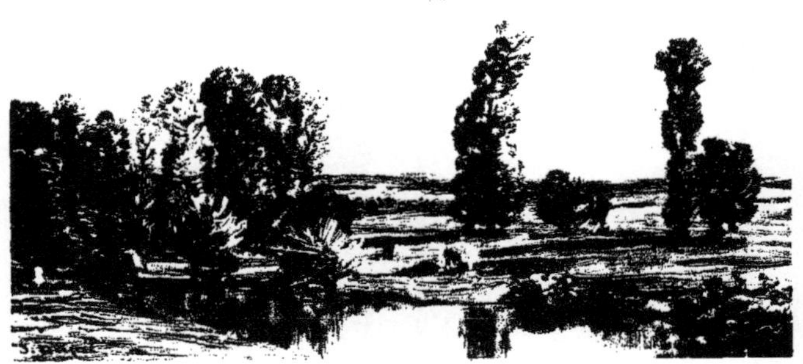

18

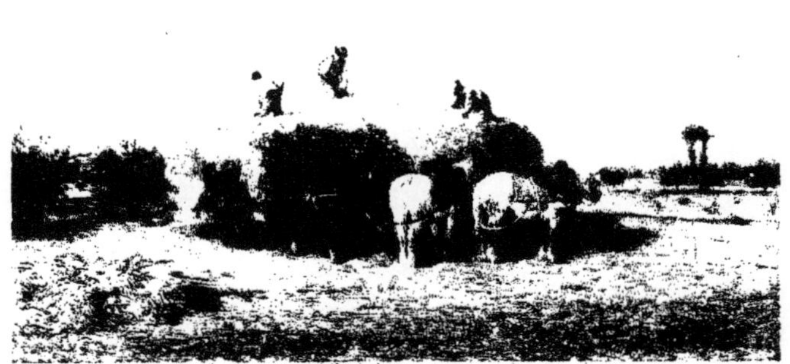

40

VEYRASSAT (Jules)

40 — *Les Moissonneurs.*

Près de la meule, déjà fortement entamée, le chariot a été amené, attelé de trois chevaux, l'un bai brun dans les brancards, les deux autres, blancs, en flèche. Sur la meule, et sur le chariot presque chargé, les moissonneurs sont à la besogne.

Autour de la meule et du chariot, le champ s'étend tout doré de soleil, avec, à gauche et au fond, des arbres au feuillage léger, sous le ciel bleu, au-devant duquel chevauchent des nuées blondes et diaphanes.

Signé à droite, en bas : *J. Veyrassat. 86.*

Panneau. Haut., 15 cent.; larg., 26 cent.

ZIEM (Félix)

41 — *La Voile jaune. — Entrée du Grand Canal.*

Sur le Grand Canal, la tartane balance ses deux voiles jaunes, comme des ailes d'or. Près d'elle, une barque va passer, où sont assis plusieurs passagers. Au fond, à droite, le Campanile domine Saint-Marc, le palais des Doges et les autres palais.

A gauche, plus loin que la lagune, le dôme de Santa Maria della Salute apparaît bleuté dans l'atmosphère. Tout s'enveloppe d'une lumière radieuse; et devant l'écran de l'azur, le jour développe la splendeur des nuées blondes ensoleillées.

Signé à droite, en bas : *Ziem.*

Panneau. Haut., 35 cent. 1/2 ; larg., 50 cent.

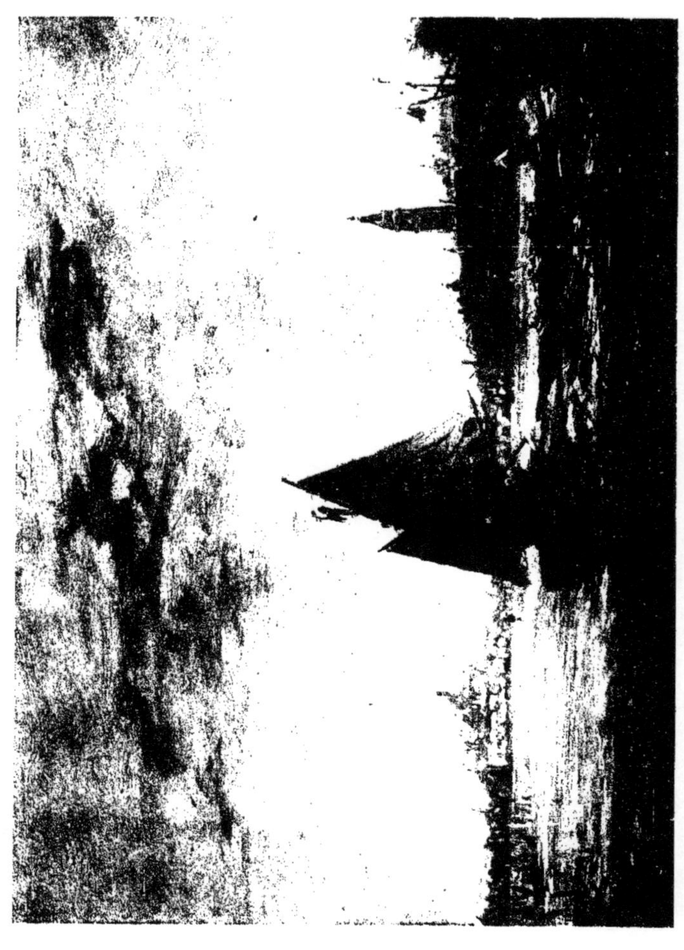

ZIEM (Félix)

42 — *Au Bord du quai.*

Le long du Canal, un bateau va s'éloigner : à droite,
l'église devant laquelle quelques bateaux sont à l'ancre.
A gauche au fond, le soleil qui se lève allume à la surface
de l'eau un foyer d'or en fusion.

Signé à droite, en bas : *Ziem.*

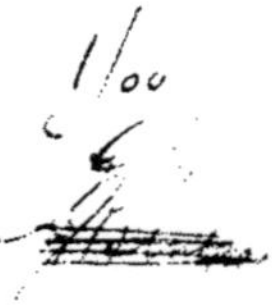

Panneau. Haut., 15 cent ; larg., 11 cent.

ZIEM (Félix)

43 — *Pavois de fête sur le Grand Canal.*

C'est jour de fête en la cité des Doges, et les mâts des
bâtiments ont arboré le grand pavois. L'eau du canal est
pleine de reflets lumineux : au fond, à droite, dans un
poudroiement de soleil, on aperçoit le Campanile.

Signé à droite : *Ziem.*

Panneau. Haut., 15 cent ; larg., 11 cent.

www.ingramcontent.com/pod-product-compliance
Ingram Content Group UK Ltd.
Pitfield, Milton Keynes, MK11 3LW, UK
UKHW022037170726
13837UKWH00002B/650